Barbara Schmitt

Blumen schauen mich an

Gedichte

Barbara Schmitt

Blumen schauen mich an

Gedichte

Blumen in Versen, die nicht
verwelken!

Herstellung und Verlag: BoD – Books on Demand, Norderstedt
ISBN: 9783759743886

Geschenkbüchlein

mit persönlicher Widmung

Widmung

Vorwort

Immer wieder haben mich Blumen, die ganz vertrauten einfachen, in ihren Bann gezogen, mich staunend innehalten lassen, sie in Ruhe zu betrachten und ihnen nachgespürt, ihnen zu antworten ganz persönlich, bewundernd, dankbar!

Es freut mich, sehr, Sie daran teilhaben zu lassen!

Es grünt

Der Frühling kommt spät heuer,
Bäume hielten ihre Knospen so lange
fest an sich gepresst.
Und jetzt, alles licht und wärmer,
geben sie ihre zartgrüne Pracht preis,
hüllen sich in Leben
diese alten knorrigen Äste!

Erste Rose am Rosenbusch

Meine Augen streifen die Mauer
auf vertrautem Weg in die Stadt,
dahinter mein geliebter Rosenbusch!
Da, die erste volle Blüte traut sich raus,
tief lachsrosa, zart, bauschig
schaut mich an. Entzückt bestaun ich sie
die einzig Mutige! Du wagst dein Leben
schöne Zier! Kostbares Bild für so viel
mehr!

Veilchen

Tiefes dunkellila
klein und duftend rein,
betörst du uns mit deinem Sein,
das Kleinod zu begehren
wo sonst nur Großes
möchte zählen!

Maiglöckchen

Versteckt im großen grünen Blatt,
die kleinen weißen Glocken,
läuten mit betörend Duft,
locken uns verzaubert
hinzugeh'n. Lasst mich steh'n!
Im Wald bin ich zu Haus!

Fliederbusch

Fliederbusch im Park,
frisch erblüht in zartem Lila
üppig ganz und gar,
trägst die Dolden stolz empor,   ins
tiefe Blau dem Himmel hin,   schickst
uns feinen Duft ins Herz! Monstranz des
Schöpfers hier und jetzt!

Löwenzahn

Prächtig sonnengelb filigran
gedrängte zarte Blättchen,
welch ein Sommerblumenfell,
üppig viele auf der Wiese,
verlockend Futter für die Tiere!
Schön seid ihr, nicht nur von Nutzen,
verzaubert uns noch im Verblühen
mit leisen Blumenfedern,
schweben durch die Sommerlüfte!

Kleine Kastanie in Blüte

Trägst Deine rot erblühten Kerzen
wie Trophäen vor dir her,
schmückst die Plätze, Straßen
nur im kurzen Sommerbeginn,
zeigst uns deine Pracht
als Verheißung für die Frucht,
die uns große Freude macht!

Erblühende Pfingstrose

Breitest einige Blütenblätter aus
wie einen zarten Teppich,
bewahrst im Innern einen Blätterbausch
tief rosa wohl gehalten,
trägst im Innern
einen gelben Kranz,
bewahrst die Sonne für uns ganz!

Lindenblütenrausch

In großen luftigen Wellen,
unter grün belaubten Bäumen,
aus üppig vielen Blütenkelchen
in weitläufigen Alleen,
hüllt er dich ein,
der würzig-süße Lindenblütenduft,
nach Regenschauern schwerer Süße,
schenkt sich der frühe Sommer duftig
als Rausch der Sinne,
der Schöpfung reiches Fest!

Vergissmeinnicht

Hellblauer kleiner Blütenzauber
versteckt in großer Zahl
an labend Wasserläufen,
erstaunt uns immer neu
mit eurem Lebenswillen
bringt den blauen Himmel auf die Erde
wenn die Wolken ihn verdecken,
erinnert uns daran!

Heckenrosenreigen

Die Sonne hat sie wachgerufen,
sie breiten milchig rosa Blütenschalen
auf langen, wilden Trieben
mit ihren grünen Blättern tupfend aus.
Ein kleiner Bogen, Blütenkranz,
Blütentor – uns zu schmücken,
hindurchzugehen als Erwählte

Sommer -Blumenstrauß

Nicht einzelne, zusammen seid ihr schön
so dicht gedrängt, so ganz verschieden,
lila Kugeln, gelbe Knöpfe,
weißes Füllhorn mit betörend Duft,
rosakleine Blüten,
dunkelrote Rosendolden
sonnengelbe Blütenkränze!
Ein bunter Sommergarten, hereingeholt,
uns daran zu laben!

mittsommer

Zahllose kleine dottergelbe Blüten
glänzen im kleinen grünen Strauch
in runden Kübeln vor dem Eingang,
brechen mein Herz zum Lachen
auf,der Sommer tanzt mit mir!

Wicken

Nur mitten im Sommer,
so vielfältig bunt und blumig riechend,
kriecht ihr den Gartenzaun entlang, ruft
uns zu:der Sommer ist ein duftender
Klang!

Klatschmohn

Leuchtend rote Farbe
zieht uns in seinen Bann,
seidiger Glanz führt uns
zu samtschwarzen Samen,
inmitten tiefer Kelche,
in unwirkliche Welten,
in Blumenträume!

Sonnenblume

Trägst die Sonne tief in dir,
in deinem großen leuchtend
gelbem Blütenkranz,
in deiner reichen dunkel- dicken
Frucht im Innern,
nährst dich aus der Erde Kraft,
schenkst sie hingegeben
zeigst uns stolz der Schöpfung Pracht!

kleine gelbe Blumensterne

Ganz kleine lichtgelbe Blütensterne
inmitten staubig grüner Blättchen,
ragen am Wegrand
aus roten Ziegelsteinen
verwitterter Hauswand hervor,
wohnen mit den Menschen,
wollen angelächelt werden
im hastigen Vorübergehn!

letzte Rosenblüten

Noch einmal neue Blüten,
ein letztes Mal in diesem Jahr,
viele rosa dicht gefüllte Blütendolden!
Im Anschaun dieses Bildes
öffnen sich die Herzen -
ruft Natur dem Menschen zu:
„Seid umschlungen Millionen!"

Heilkräuterkorb

Ein Korb voller, stiller, treuer Helfer,
so verborgen und bescheiden,
mattes grün, grau, beige,
leichtes gelb und weiß,
zwischendrin lilaroter Sonnenhut.
Menschen haben euch entdeckt
zum Schutz und Heil,
Schatz der Schöpfung!

Edelweiß

Edel ist dein Weiß, nicht rein,
verborgen schön im Kleinen,
hoch droben nur zu finden,
holst uns der Berge Stille
in unsere Mitte, in unser Heim!

Heideblüten

Stark rosa-lila Heideblüten überall,
leuchten weit und warm!
Tief müssen wir uns bücken, den
Geruch der Erde spüren,
die Kraft der Stängel,
ihre Blüten zu bewachen
vor dem Stehlen ihrer Schönheit
im schnellen Vergehn in Vasen, Töpfen,
Menschenhand!

Pluie des Roses

Rosen soll es regnen vom Himmel
Wer kann sie denn sehen,
die Rosen der kleinen Heiligen Therese
das Übermaß ihres Vertrauens
auf einen liebenden Gott,
einen leidensfähigen, verklärten
Menschen in Gott!

Enzian

Königsblau im Grün,
leuchtest himmlisch schön,
führt dein Kelch die Augen
in Seelentiefe hin,
zeifragst in lichten Höhen,
wer ich wirklich bin!

Herbstwind

Ein Blatt liegt auf der Nase
auf meinem Balkon,
tausendmal geseh'n.
Mein Gott, ist es schön!
Der Wind schickt die Blätter
himmelwärts, bevor sie taumeln,
müssen gehen, im Schoß des
Schöpfers Heimat seh'n.

Barbara Zweig

Kirschblüten zu ungewohnter Zeit
holen wir ins Haus,
die Hoffnung zu bewahren,
dass nicht alles aus,
wie draußen es nun scheint.
Unbändig unser Lebenswille
dem Blühen zu vertrauen,
wenn Barbara wir gefeiern
mitten im Wintergrauen!

Rosen- Kranz

Ein Kranz weißer Rosenknospen-
öffnen sich in leichtem Glanz
auf meinem Haupt zum Himmel hin,
blühen auf mit Erdenkraft,
neigen sich dem Himmelssegen,
zeigen sich dem Erdenleben voller Kraft!

Autorenportrait

*Barbara Schmitt, geb.1947 in München

* Examen für das Lehramt an der Grund-

   und Hauptschule

*Dipl.-Psychologin, Psychologische

   Psychotherapeutin (Tiefenps.)

*langjährige Erfahrung in Kontemplation

*Aufnahme mehrerer Gedichte über
Wettbewerbe in Jahrbüchern
der Brentano Gesellschaft,
Frankfurter Bibliothek zeitgenössischer
Lyrik

www.ingramcontent.com/pod-product-compliance
Lightning Source LLC
LaVergne TN
LVHW041813190726
843493LV00009B/2903